如果史記這麼帥

③ 謀臣賢相

戴建業 主編

漫友文化 繪

人物關係圖・謀臣賢相篇

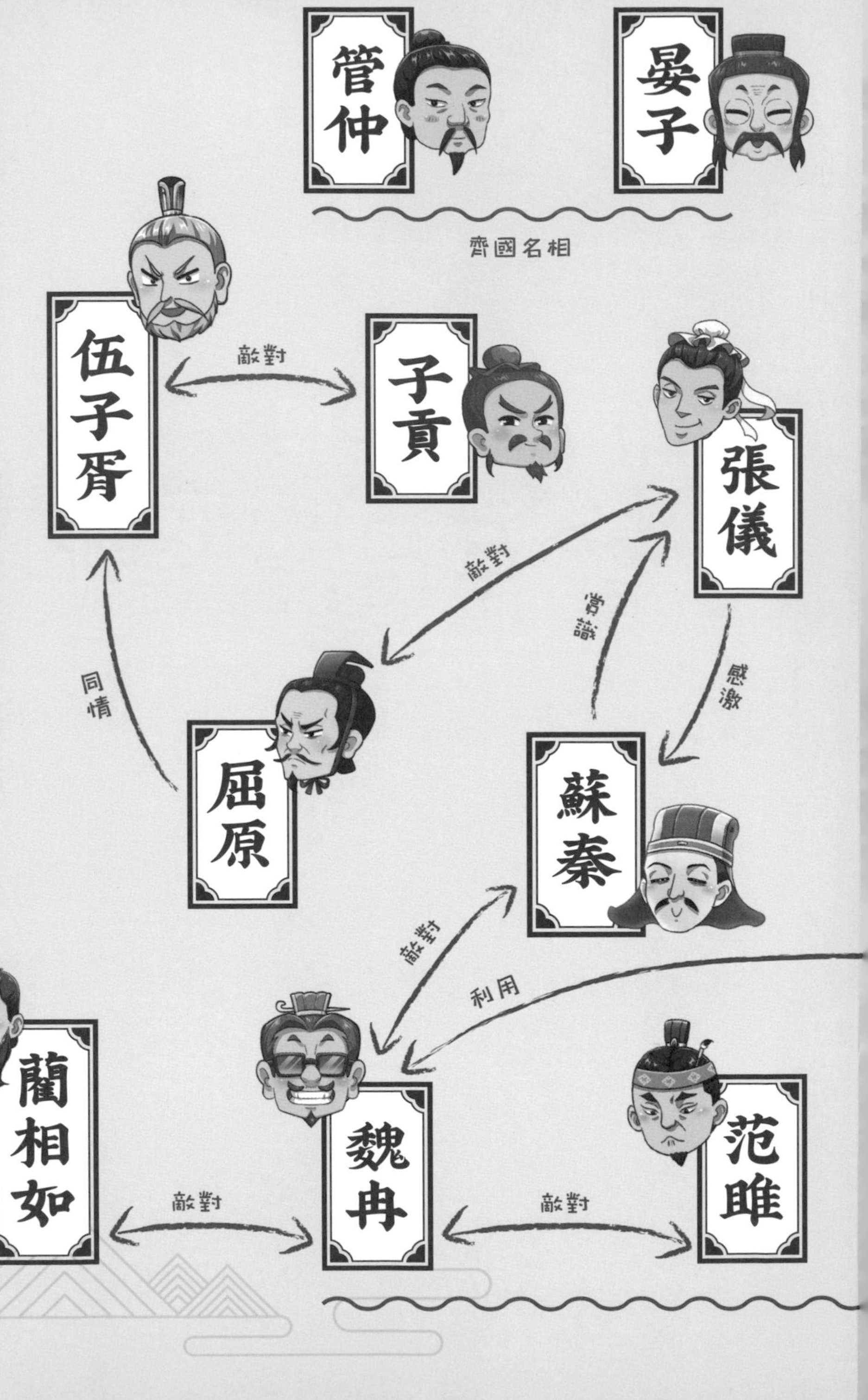

管仲

晏子

齊國名相

伍子胥 —— 敵對 ——→ 子貢

張儀

敵對

賞識

感激

同情

屈原

蘇秦

藺相如 —— 敵對 ——→ 魏冉 —— 敵對 ——→ 范雎

敵對

利用

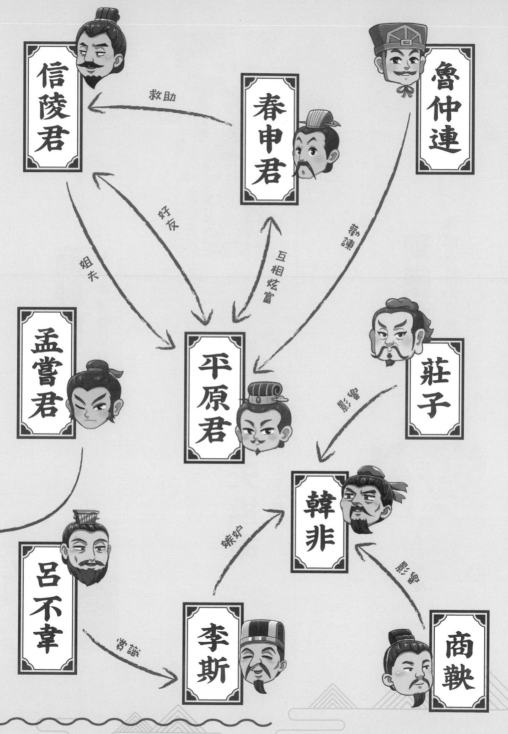

信陵君

春申君

魯仲連

孟嘗君

平原君

莊子

呂不韋

韓非

李斯

商鞅

救助

好友

姐夫

互相炫富

靠諫

影響

嫉妒

賞識

影響

秦國名相

目錄

1
齊國名相
強國背後的推動者
006

2
改天換命
亂世中的生存之道
024

3
商鞅變法
一心為秦卻作法自斃
042

4

縱橫家間的較量

合縱連橫

056

6

盛名之下的責任

戰國四公子

096

8

帶領秦國走向統一

帝國功臣

140

5

魏冉下台，范雎輔政

秦相更迭

076

7

精於辭令，不懼強權

外交風雲

122

9

群星璀璨的時代

先秦諸子

158

強國背後的推動者

齊國名相

1/

春秋時期，齊國出了兩位
名相，輔佐齊國走向繁榮
富強。

管仲

輔佐春秋首霸，其實愛財又怕死

管夷吾

尊王攘夷

出生地

潁上
（今安徽潁上）

生年

約西元前 723 年

卒年

約西元前 645 年

身份

齊國國相

技能

管仲在好友鮑叔牙的舉薦下，被齊桓公任命為國相。他利用齊國有利的海濱條件流通貨物，使得國庫充盈、人民富足，國家逐漸強盛。

齊桓公經常想一齣是一齣，管仲只好幫他「擦屁股」。當齊桓公想撕毀被迫簽訂的盟約時，管仲極力勸說，幫他立住守信義的「人設」，贏得諸侯們的好感。齊桓公因為妻子蔡姬改嫁，氣得攻打蔡國，管仲就勸他乘勝繼續攻打沒向天子納貢的楚國，以展示齊國的軍事實力。在他的輔佐下，齊桓公成為春秋第一位霸主，諸侯們紛紛歸順。

管仲很會賺錢，家產跟國庫不相上下，但百姓從來不認為他僭（ㄐㄧㄢˋ）越。管仲去世後，齊國仍遵循他的政策，強盛了很長時間。

讓大家都富起來！

玩轉經濟戰，兵不血刃搞垮別國

管仲熟知經濟學原理，經常以此不戰而屈人之兵。為了收服魯國，他先建議齊桓公帶頭穿用魯國縞布製成的衣服，在全國掀起熱潮。接著他禁止國內生產縞布，又提高收購價格，魯國見有利可圖，家家戶戶忙著織縞，都不種田了。管仲看時機到了，立馬停止進口縞布。魯國縞布囤積而糧食短缺，經濟越來越困難，只好向齊國屈從。

晏子

接地氣的窮國相，辯論從來沒輸過

三代賢相

管仲之後，齊國又有一位著名的國相——晏子。他愛國忠君，為人正直，敢於進諫，一連輔佐了靈公、莊公、景公三代國君。不過跟生活奢侈的管仲不同，他生活簡樸，不僅自己對吃的穿的都不講究，也不讓家人鋪張浪費。

由於晏子很受國君器重，他的車夫也覺得風光，總是傲慢地揮著馬鞭趕車。車夫的妻子看到丈夫作為趕車人還洋洋得意，和謙遜的晏子形成鮮明的對比，便想和他離婚。車夫問清楚原因，感到十分慚愧，從此擺正了自己的態度。晏子發現他變得謙虛恭謹，了解緣由後就提拔了他。

大開眼界 一句話糾正齊靈公的怪癖

齊靈公喜歡看宮女穿男裝，結果全國的女子都流行穿男裝。但齊靈公很小氣，不同意宮外的女子穿男裝，卻屢禁不止。晏子教訓齊靈公：「您讓宮內人穿男裝，卻不讓宮外的人穿男裝，不就像掛著牛頭卻賣馬肉，表裡不一啊！」齊靈公恍然大悟，這才停止讓宮女穿男裝。宮外就再也沒有女子穿男裝了。

晏嬰

出生地

夷維
（今山東高密）

生 年

不詳

卒 年

西元前 500 年

身 份

齊國國相

技 能

能言善辯

友誼小船永不翻

管仲和鮑叔牙是同鄉，
他們年少時就志趣相投，感情很深。

他倆曾一起做生意。
到了分利潤的時候，管仲想多拿一些。

管仲夷吾者，潁上人也。少時常與鮑叔牙
游，鮑叔知其賢。管仲貧困，常欺鮑叔，
鮑叔終善遇之，不以為言。
——《史記·管晏列傳》

如果史記這麼帥❸ 謀臣賢相

鮑叔牙知道他並不是貪財，
而是家裡窮困，便同意了。

他們曾一起參加戰鬥，
但是管仲常常當逃兵。

管仲曰：「吾始困時，嘗與鮑叔賈，分財利
多自與，鮑叔不以我為貪，知我貧也。」
——《史記·管晏列傳》

鮑叔牙知道他並不是膽怯，
而是因為家裡有老母親要贍養，
所以也不計較。

後來他們一起出來做官，
國君讓鮑叔牙輔佐公子小白。

管仲曰：「……吾嘗三戰三走，鮑叔不以
我為怯，知我有老母也。」
——《史記·管晏列傳》

鮑叔牙十分不滿，
覺得小白沒有機會繼承王位，
不能展現自己的才能。

但是管仲四處打聽，
發現公子小白不僅優秀，
還受國人歡迎。

在管仲的極力勸說下，
鮑叔牙接受了任命。

好，我聽你的。

齊國內亂時，
鮑叔牙跟著小白逃亡。

溜了溜了。

初，襄公之醉殺魯桓公，通其夫人，殺誅
數不當，淫於婦人，數欺大臣，群弟恐禍
及，故次弟糾奔魯。其母魯女也。管仲、召
忽傅之。次弟小白奔莒，鮑叔傅之。
　　　　　　　　——《史記‧齊太公世家》

後來齊國國君接連去世，
鮑叔牙又護送小白趕回國內，
助他成為齊桓公。

齊桓公非常感激，
想要立他為國相。

但是鮑叔牙拒絕了，
他認為管仲才是最佳人選。

然而齊桓公想起管仲就咬牙切齒，
因為他曾經被管仲一箭射中，
差點喪命。

鮑叔牙趕緊誇讚管仲的才能，
稱只有他能幫助齊國稱霸。

桓公之立，發兵攻魯，心欲殺管仲。鮑叔
牙曰：「臣幸得從君，君竟以立。君之尊，
臣無以增君。君將治齊，即高傒與叔牙足
也。君且欲霸王，非管夷吾不可。夷吾所
居國國重，不可失也。」
——《史記·齊太公世家》

齊桓公最終同意召回管仲，
鮑叔牙親自去迎接他。

管仲和齊桓公聊得十分投機，
立馬得到重用。
於是在一眾賢臣的輔佐下，
齊國國力達到鼎盛。

> 鮑叔牙迎受管仲，及堂阜而脫桎梏，齋祓
> 而見桓公。桓公厚禮以為大夫，任政。
> ——《史記·齊太公世家》

後來管仲病危，
齊桓公想讓鮑叔牙接替他，
管仲卻不同意。

我覺得不行。

因為他認為鮑叔牙過於剛直，
容易得罪國君，
所以推薦了別人。

推　薦

哼。

管仲逝世後，
齊桓公還是用回了鮑叔牙，
並按照他的要求，
趕走了幾個阿諛奉承的近臣。

滾。

然而過了一段時間，
齊桓公又想念他們的甜言蜜語，
重新將他們召回。

想你們啦！

管仲死，而桓公不用管仲言，卒近用三子，
三子專權。

——《史記·齊太公世家》

鮑叔牙看到齊桓公如此不思進取，
不久後抑鬱而死。

管仲可能預想過這種結局，
才不願他擔此重任吧。
這就是流傳千古的「管鮑之交」！

管仲曰：「……生我者父母，知我者鮑子
也。」
——《史記·管晏列傳》

金牌管家

為了讓百姓富裕起來，管仲提倡發展副業，比如在房屋旁邊種植桑麻，養蠶繅絲。▼

管仲的思想和言行被記錄在《管子》一書中，內容豐富龐雜。▼

改天換命

亂世中的生存之道

21

在吳國爭霸過程中，死裡逃生的伍子胥輔佐吳王打敗楚國，復仇成功。而子貢憑藉一張嘴攪動五國風雲，為吳國的滅亡推波助瀾。

伍子胥

為報私仇投靠他國，大獲成功仍被賜死

化仇恨為動力

伍子胥

出生地

楚國

生年

西元前 559 年

卒年

西元前 484 年

身份

吳國官員

技能

倒行逆施

伍子胥原是楚國人，家族被楚王和奸臣迫害。為了復仇，他千辛萬苦逃到吳國，接近公子光，幫助他成為新的吳王——闔閭，並受到重用。伍子胥和好友孫武一同協助吳王，向西打敗楚國，向北震懾齊國、晉國，向南降服越國。吳國在諸侯爭霸中風光了一把，伍子胥也大仇得報。

後來闔閭的兒子夫差繼位，將越國打到接近滅國，收為附屬國。思慮長遠的伍子胥勸夫差一定要趕盡殺絕，卻不被採納。此後，伍子胥屢遭誣陷，夫差也不再信任他，賜下寶劍命他自行了斷。伍子胥氣得命人挖出自己的眼珠掛在城門上，好讓自己死後也能看到吳國是怎麼自取滅亡的。

> 我要看你怎麼自取滅亡！

原來如此 千金小姐原來是洗衣女

傳說，伍子胥逃亡途中飢困交加，在河邊遇見一位洗衣服的姑娘，便向她討點吃的。善良的姑娘把自己的食物都給了他，伍子胥這才有力氣逃到吳國。後來他返回此地想報恩，卻再也找不到那位姑娘，於是將打算送給她的千金投入河中。據說這就是「千金小姐」一詞的由來，這個詞語後來用來尊稱他人的女兒。

子貢

有才又有財，一張嘴改變五國命運

端木賜

出生地

衛國黎
（今河南鶴壁）

生年

西元前 520 年

卒年

西元前 456 年

身份

孔子弟子、
商人

技能

取之有道

會忽悠的舌頭

子貢是孔子的學生，口才好到連孔子都自愧不如。他還是個商業達人，通過囤積居奇、賤買貴賣等手段成為大富翁，也是很多諸侯的座上賓。

一次，孔子聽說齊國要攻打魯國，十分擔憂，子貢馬上為老師排憂解難，前往遊說。他先勸說齊國轉向攻打吳國，又說服想爭霸的吳國加入戰場。吳國擔心隔壁虎視眈眈的越國趁機搗亂，子貢又幫忙去安撫。之後子貢來到晉國，預言吳國可能會順路打過來，讓他們提前做好準備。一番攪和下，吳國打敗了齊國，晉國又打敗了吳國，越國滅了吳國稱霸，而魯國得到保全。

子貢非常尊敬孔子，孔子死後，他在墓旁搭了間小屋子，整整守了六年才離去。

你知道嗎 做慈善不要獎勵，卻被老師批評

子貢在外國遊玩時，看到淪落為奴隸的魯國人，便為他們贖身。按照魯國法律，這樣做可以得到政府的獎賞，但家財萬貫的子貢不屑去領。孔子於是批評他說，做好事卻不接受獎勵，會影響其他做了好事的人，使得他們都不敢去拿獎勵，以後就再也沒人願意做好事了。

一夜白頭只為復仇

曾率領吳軍攻破楚國都城的
吳國名相伍子胥，
他的家族原本是輔佐楚國的。

聽我細細
說來……

你滅了自己家，
良心不會痛嗎？！

伍子胥的父親叫伍奢，
是楚國太子的老師，很受尊敬。

今天繼續澆灌
祖國的花朵。

楚平王有太子名曰建，使伍奢為太傅，費
無忌為少傅。

——《史記·伍子胥列傳》

而另一個老師費無忌與太子有舊怨，
怕被報復，千方百計阻撓他繼位。

楚平王聽信謠言，
質疑伍奢教導無方。

無忌既以秦女自媚於平王，因去太子而事
平王。恐一旦平王卒而太子立，殺己，乃因
讒太子建。

——《史記·伍子胥列傳》

費無忌繼續挑撥離間，
於是楚平王將伍奢囚禁起來。

費無忌知道伍奢的兩個兒子都很厲害，
便勸楚王要脅他們進宮，
斬草除根。

<訊息

來就放了你們
的父親。

王使使謂伍奢曰：「能致汝二子則生，不
能則死。」伍奢曰：「尚為人仁，呼必來。
員為人剛戾忍詢，能成大事，彼見來之並
禽，其勢必不來。」王不聽，使人召二子
曰：「來，吾生汝父；不來，今殺奢也。」
——《史記·伍子胥列傳》

伍子胥的哥哥決定冒死前去。
伍子胥則認為去了死路一條，
不如逃到別國尋求幫助。

哥哥要去保護父親，
你趕緊逃吧。

後來楚平王派人來抓兩兄弟，
伍子胥使計擺脫了他們。

伍尚欲往，員曰：「楚之召我兄弟，非欲以
生我父也，恐有脫者後生患，故以父為
質，詐召二子。二子到，則父子俱死。何益
父之死？往而令讎不得報耳。不如奔他
國，借力以雪父之恥，俱滅，無為也。」
　　　　　　　　　——《史記‧伍子胥列傳》

亂世中的生存之道　改天換命

033

他一路逃亡，
途中聽說父兄兩人都被殺害了。

悲憤交加的伍子胥一夜白頭。
他逃到江邊，
發現了一條漁船。

至江，江上有一漁父乘船，知伍胥之急，
乃渡伍胥。伍胥既渡，解其劍曰：「此劍直
百金，以與父。」父曰：「楚國之法，得伍
胥者賜粟五萬石，爵執珪，豈徒百金劍
邪！」不受。

——《史記·伍子胥列傳》

漁夫救下了伍子胥。
他十分感激,
解下身上的寶劍送給漁夫。

最後他逃到吳國,
投靠了吳王。

> 吳國內空,而公子光乃令專諸襲刺吳王僚
> 而自立,是為吳王闔閭。闔閭既立,得志,
> 乃召伍員以為行人,而與謀國事。
> ——《史記·伍子胥列傳》

他還向吳王推薦了軍事奇才孫武。

在他們的輔佐下，
吳王的野心持續膨脹，
他制定了擴張領土、
圖霸中原的戰略。

強大後的吳國向楚國大規模出兵，
五戰五捷。

攻破楚國都城後，
伍子胥挖開楚平王的墳墓為家人報仇。

> 於是吳乘勝而前，五戰，遂至郢。己卯，楚
> 昭王出奔。庚辰，吳王入郢。
> ——《史記·伍子胥列傳》

直到秦國過來趕走吳軍，
楚國才得以苟延殘喘。

先放你們一馬。

大仇得報的伍子胥選擇留在吳國，
一直輔佐到下一任吳王。

吳國就由我來守護！

當是時，吳以伍子胥、孫武之謀，西破強
楚，北威齊晉，南服越人。
——《史記·伍子胥列傳》

【風吹草動】

伍子胥在逃命途中十分小心。風一吹，草一動，他就馬上藏起來。

【日暮途窮】

天已經黑了但離目的地還很遠。比喻到了末日或衰亡的境地。

【倒行逆施】

伍子胥帶著吳國軍隊攻進楚國國都時，仇人楚平王已經過世。他只好違反天理，挖出屍體報仇。

楚國佔據超大領土卻經常被暴打

楚國一度疆域遼闊，實力雄厚，還出了個春秋五霸之一的楚莊王。但是後繼乏力，吳起變法半途而廢，君主昏庸無能，國勢漸衰，最終被秦滅國。

約西元前
1042 年

周成王為感謝輔佐有功的楚人，分封他們的後代，楚國建立。

西元前
638 年

國在泓水之戰中打敗宋襄公，向中原擴張。

西元前
632 年

楚國為了爭奪中原霸權，和晉國進行了城濮（ㄆㄨˊ）之戰，慘敗而歸。

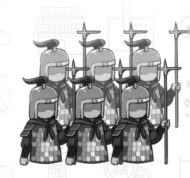

西元前 223 年

秦軍攻破楚國都城，楚國滅亡。

西元前 313 年

楚懷王被張儀所騙，屈服於秦國，後來又被騙入秦國，扣留至死。

西元前 386 年

楚悼王任用吳起實行變法改革，國力一度恢復。

西元前 522 年

楚平王殺害太子老師伍奢，其子伍子胥為了復仇逃往吳國，後來帶兵攻破楚都。

西元前 597 年

楚莊王在和晉國的邲（ㄅㄧˋ）之戰中大獲全勝，稱霸中原。

商鞅變法

一心為秦卻作法自斃

31/

商鞅變法為秦國帶來了富強，
但他「刻薄寡恩」的個性也得
罪了太多人，最後因損害貴族
利益被殺。

商鞅

不擇手段搞變法，立下大功卻下場淒慘

商鞅

出生地

衛國
（今河南）

生年

約西元前 395 年

卒年

西元前 338 年

身份

秦國官員

技能

以身作則

變法之路

　　商鞅協助秦孝公進行了兩次變法，大大增強了秦國的經濟實力和軍隊戰鬥力。他奉命率軍攻打魏國，魏國派出公子卬（ㄤˊ）領兵迎擊。商鞅以訂立盟約為由約公子卬見面，趁機俘虜他，打敗了魏軍。魏國只好割地求和，遷都避禍。為獎勵商鞅，秦孝公賜給他封地，封號為商君。

　　商鞅在變法中得罪了很多權貴，秦孝公去世後，他失去了保護傘，立馬被人誣陷造反。商鞅逃到邊境關口，卻被旅店主人以「新法規定沒有證件不能住宿」為由趕走。他又逃到魏國，魏國人怨恨他欺騙公子卬，拒絕收留他。商鞅只好逃回封地，最後被誅殺。

是我害了我自己。

商鞅為什麼有那麼多名字？

　　商鞅在《史記》中一開始被稱為公孫鞅，他是衛國貴族的後代。當時除了國君的嫡長子，其他人都稱為公子，公子的兒子則稱為公孫，他們的子孫便以「公孫」為姓。等他入秦後，為了和秦國的公孫氏區分，就以他的籍貫稱其衛鞅。等到他受封在商、於等地，才有了「商鞅」一稱。

商鞅年輕時就很喜歡法家思想。

他一開始是魏國相國的門客。

相國病重時,向魏王推薦他為繼任者。

> 公叔座知其賢,未及進,會座病,魏惠王
> 親往問病,曰:「公叔病,有如不可諱,將
> 奈社稷何?」公叔曰:「座之中庶子公孫
> 鞅,年雖少,有奇才,願王舉國而聽之。」
> 王嘿然。
> ──《史記·商君列傳》

但魏王不以為意。

相國又叮囑，如果不用他就一定要殺掉，

不能便宜了他國。

魏王離開後，

相國又開始惜才，讓商鞅趕緊逃走。

商鞅卻沒當一回事。

公叔座召鞅謝曰：「今者王問可以為相者，
我言若，王色不許我。我方先君後臣，因謂
王即弗用鞅，當殺之。王許我。汝可疾去
矣，且見禽。」鞅曰：「彼王不能用君之言
任臣，又安能用君之言殺臣乎？」卒不去。

——《史記·商君列傳》

相國死後，
魏王既沒有重用商鞅，也沒有為難他。
正好商鞅聽說秦孝公在招攬人才，便前往秦國。

商鞅向秦孝公講述「帝道」和「王道」，
秦孝公聽得昏昏欲睡。

公叔既死，公孫鞅聞秦孝公下令國中求賢
者，將修穆公之業，東復侵地，乃遂西入
秦，因孝公寵臣景監以求見孝公。孝公既
見衛鞅，語事良久，孝公時時睡，弗聽。
　　　　　　　　──《史記‧商君列傳》

商鞅便改變演講內容，
用「霸道」說動秦孝公，
兩人一連討論了好幾天。

秦孝公想採納商鞅的建議，
實行變法改革。
但又擔心遭到質疑，十分猶豫。

孝公既用衛鞅，鞅欲變法，恐天下議己。
衛鞅曰：「疑行無名，疑事無功……」
——《史記·商君列傳》

朝堂上，
很多大臣都激烈反對變法。

商鞅一一反駁，
強調只有變法才能稱霸天下。
秦孝公終於決定讓他制定新法。

商鞅頒佈新法前，
在城門豎起一根木頭，
告訴大家搬走就有賞。

看到沒人嘗試，商鞅又增加獎賞，
終於有人上前搬走木頭，拿走了獎賞。
商鞅借此樹立威信。

令既具，未布，恐民之不信，已乃立三丈
之木于國都市南門，募民有能徙置北門者
予十金。民怪之，莫敢徙。復曰「能徙者予
五十金」。有一人徙之，輒予五十金，以明
不欺。

——《史記·商君列傳》

新法正式施行後，
許多百姓感到不便，
跑來抗議。

恰巧這時太子也觸犯了新法，
商鞅毫不留情地處罰了他。

啪！

令行于民期年，秦民之國都言初令之不便
者以千數。於是太子犯法。衛鞅曰：「法之
不行，自上犯之。」將法太子。
——《史記‧商君列傳》

看到連太子都要受罰，
人們不敢再有異議。
新法順利推行起來。

在變法改革的影響下，
秦國國力日漸強大，有了擴張的野心。

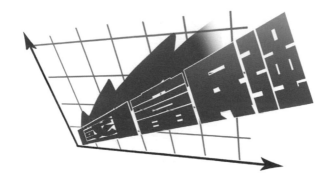

明日，秦人皆趨令。行之十年，秦民大說，
道不拾遺，山無盜賊，家給人足……居五
年，秦人富強，天子致胙于孝公，諸侯畢
賀。

——《史記‧商君列傳》

在商鞅的計謀下，
秦國攻佔了魏國大片領土。
魏王後悔當初沒有聽從相國的建議。

當事人：魏王

現在就是後悔，非常後悔。

商鞅因此得到許多封賞，
也成為先秦法家的代表人物。

如果史記這麼帥 ❸ 謀臣賢相

【危如朝露】

商鞅的變法得罪了很多勢
力，因此處境變得危險，
就像早晨的露水，太陽一
出來就會消失。

猶豫就會敗北。

滋

【疑事無功】

商鞅勸說秦孝公變法時說：
「工作時如果信心不足，猶
豫不決，就不會成功。」

【作法自斃】

商鞅逃亡時想住旅店，店主卻
告訴他商鞅下過令，如果讓沒
有證件的人住店，店主也要被
判罪，因此拒絕了他。

合縱連橫

縱橫家間的較量

41

戰國時期有一個獨特的群
體——縱橫家，他們四處
遊說，建功立業，但也常
常引火焚身。

從落魄窮小子到聯盟領導者

蘇秦

合縱六國

蘇秦

先抑後揚

蘇秦早年曾跟隨鬼谷子學習，並在外遊歷多年，仍一無所成，窮困潦倒地回到家鄉。妻妾和兄嫂都十分看不起他，於是他更加發奮讀書，鑽研合縱連橫之術。

一年後，蘇秦自信滿滿地前往各國遊說。一開始他四處碰壁，來到燕國才受到賞識。他提出六國互相協助、共同抵抗秦國的戰略，在各個國君的支持下組建六國聯盟，當上盟主，同時擔任六國的國相。秦國因此很長一段時間都不敢得罪六國。

發達後的蘇秦回到家鄉，他的親人一改往常的態度，都對他畢恭畢敬，伏在地上不敢直視他，還親自服侍他吃飯。蘇秦感慨萬分，把錢財都分給他們。

大開眼界　臨死前還在算計的間諜

齊國曾奪走燕國十座城池。蘇秦為了感謝燕王的優待，決定到齊國當間諜。他先假裝得罪燕王，逃到齊國尋求庇護，然後巧舌如簧地讓齊國歸還了強佔的城池。蘇秦繼續在齊國搞破壞，結果被大臣們識破，派殺手刺殺了他。在生命的最後時刻，他還吩咐齊王將自己拉到集市，引得兇手現身，成功報仇。

擁有三寸不爛之舌的大忽悠

張儀

張儀

出生地

魏國安邑
（今山西萬榮）

生 年

不詳

卒 年

西元前 309 年

身 份

縱橫家

技 能

舌燦蓮花

戲弄楚王

　　張儀曾和蘇秦一起在鬼谷子門下學習。他首創「連橫」的外交策略，遊說魏國親秦，得到秦惠文王賞識，被封為秦相。為了幫秦國瓦解齊國和楚國的聯盟，張儀用六百里地忽悠楚王，騙他撕毀和齊國的盟約。忽悠成功後，張儀遲遲不交出土地，楚王這才明白自己上當受騙了，興兵攻打秦國，結果慘敗而歸。楚王咽不下這口氣，用土地和秦國交換張儀，並將他囚禁。張儀有恃無恐，暗中走關係幫自己周旋出獄，甚至成功說服楚王親近秦國。

　　之後張儀又前往韓、齊、趙、燕四國，打破「合縱聯盟」，讓各國和秦國交好，被秦王封為武信君。

被人賣了還幫人數錢。

原來如此　有了舌頭，就有了一切！

　　張儀曾陪楚相喝酒，席間楚相的玉璧無故丟失。一貧如洗的張儀成了頭號懷疑對象，被狠狠拷問了一番。張儀的妻子十分心疼，埋怨他是因為遊說才引來災禍。張儀安慰妻子：「舌頭還在就夠了！」後來張儀當上秦相，特意寫信警告楚相：「以前我被冤枉挨打，現在要楚國十倍百倍還回來！」

一齣折騰大戲：合縱連橫

蘇秦和張儀曾在鬼谷子門下學習縱橫術，
蘇秦認為自己的才學比不上張儀。

後來，蘇秦開始了遊說之路，
卻接連碰壁。

啪！

啪！

周顯王。顯王左右素習知蘇秦，皆少之。
弗信。乃西至秦⋯⋯方誅商鞅，疾辯士，
弗用。乃東之趙。趙肅侯令其弟成為相，
號奉陽君。奉陽君弗說之。
　　　　　　　　——《史記·蘇秦列傳》

蘇秦沒有灰心，
又前往燕國，
成功引起燕王的注意。

燕王大手一揮，
資助了他馬車和錢財，
讓他去趙國促成兩國結盟。

文侯曰：「子言則可，然吾國小，西迫強
趙，南近齊。齊、趙，強國也。子必欲合從
以安燕，寡人請以國從。」於是資蘇秦車
馬金帛以至趙。

——《史記·蘇秦列傳》

蘇秦向趙王分析，
兩國合縱聯盟能共同抵禦秦國，
為趙國的穩定帶來好處。

趙王於是送給蘇秦
一百輛裝滿金玉綢緞的車子，
資助他繼續給聯盟拉人。

我別的沒有，
只剩下錢了。

趙王曰：「寡人年少，立國日淺，未嘗得聞
社稷之長計也。今上客有意存天下，安諸
侯，寡人敬以國從。」乃飾車百乘，黃金千
溢，白璧百雙，錦繡千純，以約諸侯。
　　　　　　　　　　——《史記‧蘇秦列傳》

就在這時，
蘇秦得知秦國打算攻打趙國。
他害怕聯盟被破壞，
便想利用老同學張儀來牽制秦國。

打聽到張儀現狀慘澹，
蘇秦暗中派人向他提議，讓他來投靠自己。

去找蘇秦，他
能幫助你。

蘇秦已說趙王而得相約從親，然恐秦之攻
諸侯，敗約後負，念莫可使用于秦者，乃
使人微感張儀曰：「子始與蘇秦善，今秦
已當路，子何不往遊，以求通子之願？」
——《史記·張儀列傳》

張儀興沖沖跑去見蘇秦，
結果一連吃了好幾天閉門羹。

讓我吃閉門羹是吧，
我現在就吃！

終於等到蘇秦的接見，
卻被安排坐在堂下，
吃和奴僕們一樣的飯菜，還被不斷數落。

能力不足

運氣不好

飯量不大

……

張儀於是之趙，上謁求見蘇秦。蘇秦乃誡
門下人不為通，又使不得去者數日。已而
見之，坐之堂下，賜僕妾之食。
——《史記·張儀列傳》

張儀非常生氣，
打算到強大的秦國尋找靠山，
以報復蘇秦和趙國。

蘇秦於是派人接近張儀，
為他提供一切所需。

張儀之來也，自以為故人，求益反見辱，
怒，念諸侯莫可事，獨秦能苦趙，乃遂入
秦。蘇秦……乃言趙王，發金幣車馬，使
人微隨張儀，與同宿舍，稍稍近就之，奉
以車馬金錢，所欲用，為取給而弗告。
——《史記·張儀列傳》

張儀成功拜見秦王，
並得到重用，
為攻打諸侯出謀劃策。

看到張儀成功上位，
蘇秦派來的人告辭離開。
張儀趕緊前去阻攔，
這才知道蘇秦的計畫。

張儀遂得以見秦惠王。惠王以為客卿，與
謀伐諸侯。

——《史記·張儀列傳》

張儀十分震驚，自歎不如。
為了感謝蘇秦，
他表示一定不會讓秦國攻打趙國。

有了張儀的保證，
蘇秦繼續遊說其他諸侯，
最終成功結成合縱聯盟。

張儀曰：「嗟乎，此在吾術中而不悟，吾不
及蘇君明矣！吾又新用，安能謀趙乎？為
吾謝蘇君，蘇君之時，儀何敢言。且蘇君
在，儀寧渠能乎！」
　　　　　　　　　──《史記·張儀列傳》

蘇秦順勢成為聯盟盟主，
並擔任六國國相。
一路上各諸侯國都派人護送他，
氣派非凡。

秦國也收斂了很多，
十多年不敢騷擾這幾個國家。

好無聊哦。

於是六國從合而並力焉。蘇秦為從約長，
並相六國。北報趙王，乃行過雒陽，車騎
輜重，諸侯各發使送之甚眾，疑于王
者……秦兵不敢窺函谷關十五年。
——《史記‧蘇秦列傳》

蘇秦去世後，
張儀才開始為秦國積極謀劃，
促使魏國向秦國表示屈服。

大王，魏國
來投降了！

接著張儀又以贈地為誘餌，
成功欺騙楚國和齊國斷交，
並分別和秦國交好。

楚國申請成為你的好友。

齊國申請成為你的好友。

儀說楚王曰：「大王誠能聽臣，閉關絕約
于齊，臣請獻商於之地六百里⋯⋯」楚王
大說而許之。群臣皆賀⋯⋯乃以相印授張
儀，厚賂之。於是遂閉關絕約于齊。
——《史記・張儀列傳》

他又繼續遊說韓國、燕國和趙國，
三個諸侯國紛紛獻上土地，
表示和秦國結盟的誠意。

蘇秦組建的六國合縱聯盟，
就這樣被張儀擊破了。

詞語大富翁

【前倨(ㄐㄩˋ)後恭】

蘇秦困窘的時候,家人都譏笑他;等他發達後,又立馬對他畢恭畢敬。

我的心裡只有一件事,就是學習

【懸樑刺股】

蘇秦經常讀書到深夜,疲倦時就拿錐子刺向大腿,讓自己立刻清醒過來。

【積羽沉舟】

張儀勸說魏王退出合縱聯盟時說:「小的禍患不及時清除,會釀成大的災禍。」

合縱連橫：
沒有永遠的盟友，
只有永遠的利益！

戰國時各國為了生存，經常互相簽訂盟約，形成了幾個弱國一起合縱抵抗強國，或者和強國連橫對抗其他國家這兩種軍事合作方式。

西元前 313 年

張儀戲弄楚國，騙其背棄合縱聯盟，又四處遊說離間各諸侯國，以「連橫」破「合縱」。最後各國都親近秦國。

西元前 323 年

公孫衍拉攏魏、韓、趙、燕、中山五國互相稱王，合縱抗秦。後來聯軍內訌被秦軍反攻，損失慘重。

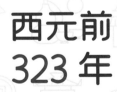

西元前 334 年

蘇秦遊說燕、趙、韓、魏、齊、楚六國合縱對抗秦國，擔任六國國相。秦國因此十幾年不敢攻打他們。

樂毅幫助燕國聯合韓、趙、魏等國共同伐齊，差點將其滅國。後來樂毅被新繼位的燕王猜忌，離開燕國，齊國趁機收復失地。

西元前 284 年

西元前 298 年

孟嘗君聯合齊、韓、魏三國合縱攻秦。最終擊敗秦軍，迫使秦國歸還土地。

西元前 247 年

信陵君指揮五國聯軍大敗秦軍，但追至函谷關後撤軍，沒有重創秦軍，也沒有奪回過多的土地。

趙、魏、韓、燕、楚五國聯軍攻秦。秦軍集中兵力反擊，聯軍敗退。

西元前 241 年

秦相更誅

魏冉下台，范雎輔政

5/

秦國之所以能統一天下，成為
最後的贏家，離不開魏冉、范
雎等宏才大略的秦相。

可以靠關係，卻硬要拼實力

魏卬

魏冉

出生地

楚國

生年

不詳

卒年

西元前 264 年

身份

秦國相國

技能

野心勃勃

權傾朝野

秦武王繼位不久就和人比賽舉鼎，結果力竭脫手，不幸身死。他還沒有兒子，於是實權在手的大臣魏冉擁立秦武王的弟弟，也就是自己姐姐宣太后的兒子為秦昭王。他幫秦昭王清除了爭位的兄弟和叛臣，平定內亂，在秦國獨攬大權，深受宣太后寵信。

魏冉當上秦相後，提拔白起為將軍，派他四處征戰。自己也經常領兵攻打他國，戰績卓著，威震諸侯。他曾託病辭職，但秦昭王不能沒有他，第二年就再次起用他，並封他為穰侯。

後來，野心膨脹的魏冉用奪下的齊國城池來擴大自己的封地，新來的客卿范睢（ㄐㄩ）便向秦昭王告狀。秦昭王這才如夢方醒，將他罷免並趕回封地。

跟哥們去吃香的喝辣的！

原來如此 一時的疏忽導致災禍

魏冉有天碰見出使魏國的使臣駕著馬車回來，懷疑他帶著自己討厭的謀士混入境，便上前盤問。使臣一口否定，魏冉就走開了，但過了一會兒又追過來搜查車子，發現真的沒人才作罷。實際上馬車裡藏著范睢，他在魏冉第一次離開後就跳車藏了起來，躲過搜查。後來，范睢抓住魏冉的把柄，代替他成了新的秦相。

死裡逃生後上演花式復仇

范雎

范雎

出生地
魏國

生 年
不詳

卒 年
西元前 255 年

身 份
秦國相國

技 能

死而後生

死裡逃生

　　范雎在魏國當門客時，被人誣陷通敵，差點被打死。逃出來後，他隱姓埋名，來到秦國。范雎向秦昭王提出了「遠交近攻」的策略，先將鄰近的韓、魏、趙等國兼併，同時和遠處的齊國保持友好關係，以此逐步蠶食他國。之後，他又提醒秦昭王，宣太后和魏冉的權力過大，已經威脅到王權。於是秦昭王廢太后，趕走魏冉，封范雎為應侯，並讓他擔任秦相。

　　長平之戰爆發時，范雎設計孤立趙國，防止六國合縱互助。後來又用反間計，使趙國用無實戰能力的趙括取代老將廉頗，協助白起大破趙軍。

　　為秦國出謀劃策，站到權力巔峰後，范雎急流勇退，辭職回到封地，不久後因病去世。

被無法承受的皇恩壓垮

　　范雎曾舉薦自己的恩人當將軍，但這人竟在長平之戰中投降了趙國。按照法律，舉薦人范雎在責難逃。但秦昭王十分信任他，不僅禁止國內議論此事，還用賞賜安撫他。後來又有一位被范雎推舉做官的人犯了法，范雎更加懊悔。但秦昭王還是不斷地寬慰他，范雎反而越來越恐懼。

千萬別惹睚眥必報的人

范雎原本是魏國人，
他足智多謀，能言善辯，卻因家貧而無法實現志向。

於是他先到中大夫須賈那裡謀了份差事，
跟隨他出使齊國。
但是一連逗留了幾個月也沒有結果。

范雎者，魏人也，字叔。遊說諸侯，欲事魏王，家貧無以自資，乃先事魏中大夫須賈。須賈為魏昭王使于齊，范雎從。留數月，未得報。

——《史記·范雎蔡澤列傳》

須賈十分焦急，
又聽說范雎得到齊王的青睞和賞賜，
只不過沒有接受。

須賈便懷疑范雎出賣了魏國，
又惱怒又嫉妒，
回國後便上報給魏相。

齊襄王聞雎辯口，乃使人賜雎金十斤及牛
酒，雎辭謝不敢受。須賈知之，大怒，以為
雎持魏國陰事告齊，故得此饋，令雎受其
牛酒，還其金。既歸，心怒雎，以告魏相。
——《史記·范雎蔡澤列傳》

魏相派人將范雎狠狠地打了一頓，
范雎承受不住，趕緊裝死。

魏相仍舊沒有放過他，
讓人用草席裹著他丟進茅廁。
路過的人不斷羞辱他。

魏齊大怒，使舍人笞擊雎，折脅摺齒。雎
詳死，即卷以簀，置廁中。賓客飲者醉，更
溺雎，故僇辱以懲後，令無妄言者。
　　　　　　　——《史記·范雎蔡澤列傳》

范雎找到機會，
央求守衛救自己出去。
此後他改名為張祿，躲藏起來。

不久，
范雎在秦國使者的幫助下，
逃往秦國。

睢從簀中謂守者曰：「公能出我，我必厚
謝公。」守者乃請出棄簀中死人。魏齊醉，
曰：「可矣。」范雎得出。後魏齊悔，復召
求之。魏人鄭安平聞之，乃遂操范雎亡，
伏匿，更名姓曰張祿。
——《史記·范雎蔡澤列傳》

范雎被推薦給秦昭王，
但此時的秦昭王意氣風發，
對外蠶食了很多地盤，
根本不待見他。

今天又是美好
的一天呢！

又經過一年多的耐心等待，
范雎終於得到面聖的機會。

秦王弗信，使舍食草具。待命歲餘。當是
時，昭王已立三十六年。南拔楚之鄢郢，楚
懷王幽死于秦。秦東破齊。湣王嘗稱帝，
後去之。數困三晉。厭天下辯士，無所信。
　　　　　——《史記·范雎蔡澤列傳》

范雎進宮後，假裝不認識路，
還故意大吵大鬧，
引起了秦昭王的注意。

秦國現在哪裡有大王，
只有太后和穰侯！

秦昭王趕緊將他迎進內殿，
並為怠慢他而道歉。

於是范雎乃得見於離宮，詳為不知永巷而
入其中。王來，而宦者怒逐之，曰：「王
至！」范雎繆為曰：「秦安得王？秦獨有太
后、穰侯耳。」欲以感怒昭王。
　　　　　　　　──《史記·范雎蔡澤列傳》

魏冉下台，范雎輔政　秦相更迭

秦昭王向他請教治國良策，
但是一連問了三次，
范雎都用「嗯嗯」回應。

秦昭王繼續央求他，
范雎這才向他分析目前的形勢，
並提出「遠交近攻」的策略。

秦王跪而請曰：「先生何以幸教寡人？」范
雎曰：「唯唯。」有間，秦王復跪而請曰：
「先生何以幸教寡人？」范雎曰：「唯
唯。」若是者三。
　　　　　　　　——《史記·范雎蔡澤列傳》

秦昭王採納了他的提議，
和較遠的齊、楚兩國交好，
攻佔了鄰國不少土地，
並越來越信任他。

范雎又趁熱打鐵，
幫秦昭王奪回被太后和穰侯把控的朝政，
被拜為秦相。

范雎日益親，復說用數年矣，因請間說曰：
「臣居山東時……聞秦之有太后、穰侯、
華陽、高陵、涇陽，不聞其有王也……」於
是廢太后，逐穰侯、高陵、華陽、涇陽君
於關外。秦王乃拜范雎為相。
——《史記·范雎蔡澤列傳》

秦國國力越來越強，
鄰近的魏國十分擔憂，便派須賈出使。
范雎於是隱瞞身份去找他。

須賈看到范雎竟然沒有死，
十分驚訝，
還請他幫忙帶路去見秦相。

范雎既相秦，秦號曰張祿，而魏不知，以
為范雎已死久矣。魏聞秦且東伐韓、魏，
魏使須賈于秦。范雎聞之，為微行，敝衣
閒步之邸，見須賈。
———《史記·范雎蔡澤列傳》

范雎親自駕馬車，送須賈進了相府。
府裡的人紛紛回避，須賈感到特別奇怪。

范雎又讓須賈先在一邊等候。
須賈等了許久都沒有人來，便詢問府內的下人。

剛剛駕車的人
就是秦相。

范雎歸取大車駟馬，為須賈御之，入秦相
府。府中望見，有識者皆避匿，須賈怪之。
至相舍門，謂須賈曰：「待我，我為君先入
通於相君。」須賈待門下，持車良久，問門
下曰：「范叔不出，何也？」
　　　　　　──《史記‧范雎蔡澤列傳》

須賈大驚失色，
跪地請求原諒。
范雎將他大罵了一頓，趕出門去。

秦昭王知道後，
也幫著范雎報仇，
威脅魏國處置魏相。

門下曰：「無范叔。」須賈曰：「向者與我
載而入者。」門下曰：「乃吾相張君也。」須
賈大驚，自知見賣，乃肉袒膝行，因門下人
謝罪。於是范雎盛帷帳，侍者甚眾，見之。
　　　　　　　　　——《史記·范雎蔡澤列傳》

范雎恩怨分明，
對仇人睚眥（ㄧㄚˊ ㄗˋ）必報，
對恩人卻十分慷慨。

幾年後，
范雎主動稱病請辭，
回到自己的封地，
最終因病逝世。

范雎於是散家財物，盡以報所嘗困厄者。
一飯之德必償，睚眥之怨必報。
——《史記·范雎蔡澤列傳》

詞語大富翁

【危如累卵】

范雎認為當時的秦國像層層堆起來的蛋一樣，隨時有倒塌打碎的危險，所以希望秦王能任用自己。

【青雲直上】

范雎從魏國逃到秦國，得到秦王的賞識後，很快升為了丞相。

你瞅啥？

瞅你咋的！

【睚眥必報】

范雎這人心胸狹窄，連被人瞪一眼這種小仇也要報復。

被低估的秦相

我魏冉擁立秦昭王，幫他平定內亂。

秦武王二十幾歲時不自量力，和人比賽舉大鼎，結果脫手砸到自己，氣絕而亡。▼

推薦戰神白起，為秦國攻城掠地。

我什麼也沒幹。

自己也多次領兵攻打各國，戰功赫赫。

魏冉

99勝　0亡

魏冉的姐姐宣太后，是中國歷史上第一位太后，曾攝政幾十年。▼

可他們總說我是靠姐姐的關係上位的……

戰國四公子

盛名之下的責任

61

戰國末期，各諸侯國逐漸抵擋
不住秦國的強大，於是出現了
四位竭力網羅人才、擴大自己
勢力以拯救國家的貴族。

翩翩濁世佳公子，目光短淺不識人

平原君

趙勝

出生地

趙國邯鄲
（今河北邯鄲）

生 年

不詳

卒 年

西元前 251 年

身 份

戰國四公子之一

技 能

從諫如流

解圍邯鄲

　　平原君趙勝，是趙惠文王的弟弟。他擔任趙國國相，名聲賢德，又好養門客，有幾千人投奔到他門下。秦國圍困邯鄲時，平原君去楚國求援。他的門客毛遂自薦前往，在談判陷入僵局時挺身而出，慷慨陳詞，成功促成兩國結盟，楚國派兵前來救援。

　　然而在救援到達前，秦國突然發動急攻，邯鄲城中百姓困乏至極，兵器也即將用光，趙國快扛不住了。憂心忡忡的平原君採納門客的意見，命令家中妻妾加入軍隊，還把家裡所有的財物分發出去，這才組成一支三千人的敢死隊，將秦軍擊退三十里。楚魏聯軍適時趕到，一起擊敗秦軍，趙國終於得救。

下一位……

美妾重要還是賢才重要？

　　平原君的家附近住有一位腿腳不便的百姓，走路一瘸一拐，平原君的小妾看到後就哈哈大笑。這位百姓找上門來，請求平原君處置小妾，平原君卻不以為意。他的門客覺得平原君喜好美色而不尊重人，陸陸續續都離開了。平原君這才意識到錯誤，重罰了小妾並親自登門道歉。那些門客聽說後，又都回來了。

仗義相助圈粉無數，難逃猜忌抑鬱而終

信陵君

魏無忌

出生地

魏國大梁
（今河南開封）

生 年

不詳

卒 年

西元前 243 年

身 份

戰國四公子之一

技 能

禮賢下士

破秦居趙

信陵君魏無忌，是魏安釐（ㄒㄧ）王的弟弟。他為人寬厚謙虛，不會自恃身份而輕慢別人，因此方圓幾千里的士人都跑來歸附他。其他諸侯國也很忌憚他，不敢侵犯魏國。

秦國圍困邯鄲時，信陵君盜兵符，奪兵權，率軍解救了趙國。但也因此惹怒了魏王，他只好到趙國避避風頭。秦國聽說後，又開始攻打魏國。魏王只好請信陵君回國統領軍隊。其他諸侯國一聽信陵君回國，都趕來救援，大敗秦軍，將他們壓制在函谷關內。信陵君因此威震天下。

然而魏王的信任沒有持續多久，很快又罷免了信陵君。他從此心灰意冷，稱病不再上朝，每日沉迷酒色，四年後就去世了。

原來如此 一場由下棋引發的猜忌

有一次，信陵君正跟魏王下棋，突然傳來趙國發兵的警報。魏王立馬就要去找大臣商議對策，信陵君卻不著急，安慰他說不過是趙王在打獵而已。之後再次傳來消息，確實是趙王打獵。魏王這才知道信陵君在趙國安插了探子，因此越來越忌憚他。

沽名釣譽又小肚雞腸的「黑老大」

真音君

雞鳴狗盜

孟嘗君田文是齊國宗室貴族，一開始因為出生日期不吉利被父親嫌棄，但他憑才能贏得好感，受到器重，名聲越來越響。

孟嘗君招攬了一眾本領不一的門客。他在秦國被囚禁時，門客中一位擅長偷東西的人，偷出秦宮中的白狐裘賄賂秦王的寵妾，請她去求情。得到釋放後，孟嘗君連夜逃走，但是被緊閉的城門攔住。另一位門客於是學雞叫，附近的雞聽到後也隨著一起叫，守城的人以為天亮了就把門打開。孟嘗君得以逃回齊國。

孟嘗君當上齊相後，齊王懷疑他要謀反，打算除掉他。孟嘗君一怒之下逃到魏國，聯合秦、趙、燕等國將齊國打到一蹶不振。

田文

出生地
齊國臨淄
（今山東淄博）

生 年
不詳

卒 年
不詳

身 份
戰國四公子之一

技 能

雞鳴狗盜

大開眼界　**養了三千多人，卻還是小肚雞腸**

孟嘗君不計較身份地養了三千多門客，給他們提供食宿，門客都十分感激，四處宣揚他的好名聲。有次他路過一個縣城。當地人久聞他的大名，跑出來想一睹風采，以為會見到一個英俊偉岸的男人。結果一看，不過是個平平無奇的小矮子，紛紛吐槽。孟嘗君聽到後氣得發飆，就讓手下將這座縣城毀了出氣。

精于算計卻毀於優柔寡斷

春申君

黃歇

出生地

楚國

生 年

西元前 314 年

卒 年

西元前 238 年

身 份

戰國四公子之一

技 能

移花接木

輔國大臣

　　春申君黃歇，年輕時四處遊學拜師，見識淵博，口才很好，曾說服秦王停止攻打楚國，促成兩國結盟。楚王很賞識他，派他陪太子去秦國當人質。楚王病危時，春申君知道秦國不會輕易放太子回國，就和太子互換衣服，讓他扮成車夫尋機逃回楚國。等太子走遠了，春申君才對秦王說出實情，並畫了「秦楚親和」的大餅，說服秦王放了自己。

　　春申君回國後當上令尹，輔佐楚王，在長平之戰時帶兵救援趙國，還滅了魯國，使楚國重新興盛起來。後來各國害怕四處征伐的秦國，就組成由楚國帶頭的六國聯軍，結果不敵秦國，戰敗而逃。楚王把失敗怪罪到春申君頭上，漸漸疏遠了他。

保重！

原來如此　給楚王戴綠帽子，後果很嚴重

　　楚王即位多年仍然沒有兒子，春申君便想為君分憂。他的門客李園獻上自己的妹妹，讓春申君寵幸她後，再獻給楚王。這下楚王終於有了兒子，就立李園的妹妹為王后，李園也備受器重。但李園擔心春申君說漏秘密，暗中找來刺客，在楚王去世時搶先入宮埋伏，將匆匆趕來的春申君殺害了。

四公子之首為何偷東西

信陵君是魏王的弟弟，

他為人仁慈，敬重賢士，

四面八方的士人都爭著來依附他。

當時魏國城門有個看門的老大爺侯嬴，

窮得叮噹響，但很有才智。

魏有隱士曰侯嬴，年七十，家貧，為大梁
夷門監者。公子聞之，往請，欲厚遺之。不
肯受，曰：「臣修身潔行數十年，終不以監
門困故而受公子財。」
　　　　　　　　——《史記·魏公子列傳》

如果史記這麼帥 ❸　謀臣賢相

信陵君聽說後，親自前去拜訪他，
請他到府裡參加宴席。

侯嬴毫不客氣，上了馬車，
還讓信陵君繞道陪自己去拜訪朋友。
信陵君沒有拒絕。

我們聊我們的，
不用理他。

忍……

公子於是乃置酒大會賓客。坐定，公子從
車騎，虛左，自迎夷門侯生。侯生攝敝衣
冠，直上載公子上坐，不讓，欲以觀公子，
公子執轡愈恭……公子引車入市，侯生下
見其客朱亥，俾倪，故久立與其客語，微
察公子，公子顏色愈和。
　　　　　　　　　——《史記·魏公子列傳》

來到宴會上，
信陵君將侯嬴讓到尊座上，
侯嬴十分感動。

由於信陵君禮賢下士，
威名遠揚，
各諸侯國都不敢出兵侵犯魏國。

你去。

不不不，你去。

至家，公子引侯生坐上坐，遍贊賓客，賓
客皆驚。酒酣，公子起，為壽侯生前。
——《史記·魏公子列傳》

隔壁趙國就沒這麼幸運，被秦國圍困了國都邯鄲。
趙國平原君是信陵君的姐夫，
不斷派人去魏國求援。

於是魏王派出十萬軍隊，
卻被秦國嚴厲警告，
魏軍只能停在途中，不敢前進。

魏王使將軍晉鄙將十萬眾救趙。秦王使使
者告魏王曰：「吾攻趙旦暮且下，而諸侯
敢救者，已拔趙，必移兵先擊之。」魏王
恐，使人止晉鄙，留軍壁鄴，名為救趙，
實持兩端以觀望。
　　　　　　　　——《史記·魏公子列傳》

沒能等來救兵，趙國更加著急，
多次催促信陵君，
指責他空有虛名。

信陵君也十分焦慮，
用盡各種方法勸說魏王救趙，
但魏王始終不敢發兵。

公子患之，數請魏王，及賓客辯士說王萬
端。魏王畏秦，終不聽公子。
　　　　　　　——《史記·魏公子列傳》

事已至此，
信陵君決定自己前去救援。

臨走前，他和侯嬴訣別。
但侯嬴沒有任何表示。

公子自度終不能得之于王，計不獨生而令
趙亡，乃請賓客，約車騎百餘乘，欲以客
往赴秦軍，與趙俱死。行過夷門，見侯生，
具告所以欲死秦軍狀。辭決而行，侯生曰：
「公子勉之矣，老臣不能從。」
　　　　　　　　　──《史記‧魏公子列傳》

出城後，信陵君心裡十分彆扭，
覺得自己平日對侯嬴特別尊重，
現在自己即將赴死，
他竟然無動於衷。

於是他又回去質問侯嬴，
卻看到侯嬴就在門口等他。

公子行數里，心不快，曰：「吾所以待侯生
者備矣，天下莫不聞，今吾且死，而侯生
曾無一言半辭送我，我豈有所失哉？」復
引車還，問侯生。侯生笑曰：「臣固知公子
之還也。」
——《史記‧魏公子列傳》

在侯嬴的指導下，
信陵君通過魏王的寵妾偷到兵符。

之後他快速趕到軍隊駐地，
假傳出兵救趙的命令。

> 公子從其計，請如姬。如姬果盜晉鄙兵符
> 與公子。
>
> ——《史記·魏公子列傳》

魏軍大將軍覺得可疑，
打算去請示魏王。
信陵君身邊的猛士立馬將他擊殺。

信陵君就這樣奪得兵權。
他整頓軍隊，
選拔出八萬精兵。

這次一定能贏。

至鄴，矯魏王令代晉鄙。晉鄙合符，疑之，
舉手視公子曰：「今吾擁十萬之眾，屯於
境上，國之重任，今單車來代之，何如
哉？」欲無聽。朱亥袖四十斤鐵椎，椎殺
晉鄙，公子遂將晉鄙軍。
　　　　　　　　　　——《史記・魏公子列傳》

然後向秦軍進攻，
解救了邯鄲，
保住了趙國。

趙王和平原君十分感激，
親自前來迎接魏軍。

秦軍解去，遂救邯鄲，存趙。趙王及平原
君自迎公子于界，平原君負韊矢為公子先
引。趙王再拜曰：「自古賢人未有及公子
者也。」
——《史記·魏公子列傳》

侯嬴聽聞捷報後，
竟以死答謝信陵君的知遇之恩。

而信陵君對自己
欺騙魏王、偷取兵符、殺害忠將的行為
感到十分羞愧，便和門客留在了趙國。

魏王怒公子之盜其兵符，矯殺晉鄙，公子
亦自知也。已卻秦存趙，使將將其軍歸
魏，而公子獨與客留趙。
　　　　　　　——《史記·魏公子列傳》

【虛左以待】

信陵君駕著馬車去請侯嬴來做客時，空出左邊的尊位給他，以示敬重。

【三寸之舌】

毛遂出使楚國，舌戰群臣，被平原君評價：「三寸之舌比百萬軍隊還要厲害。」

【不識大體】

司馬遷評價平原君是個風度翩翩的公子，卻不懂得從大局考慮，因貪圖小利而惹怒秦國，引發長平之戰。

117

最有心機的門客

這裡包食宿嗎？

包！

馮諼

這裡包交通費用嗎？

包！

馮諼（ㄒㄩㄢ）曾被派去收債，收上來後卻把債券燒掉，幫孟嘗君收買人心。▼

這裡能拿錢去補貼家用嗎？

馮諼還幫孟嘗君拉到魏王做外援，提議他在薛地建立宗廟，總共為他鋪了三條後路，這就是「狡兔三窟」的來歷。▼

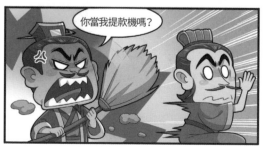

你當我提款機嗎？

春申君的感慨

春申君羨慕信陵君，養的門客能為他獻身。

也羨慕平原君，有毛遂這種人才。

傳說春申君曾治理了洪水氾濫的黃浦江，這也是上海簡稱「申」的來歷。▼

連孟嘗君，養的「雞」、「狗」都能幫上忙。

只有自己，養了一頭白眼狼。

司馬遷評價春申君「當斷不斷，反受其亂」，就是說他錯過處置門客李園的機會，最終被反殺。▼

戰國四公子，哪位養士最成功？

戰國末期，各諸侯國貴族為了壯大勢力、對付秦國，竭力網羅人才。但他們之中，誰是真的尊重賢人，誰又只是為了虛名呢？

不計較門客的出身，犯人也能收入門下；連他們的親戚都會照顧到位。

多次靠著門客脫離危險。

實際上小心眼又虛偽，門客走了就不開心，為了保住「人設」才不計較。

孟嘗君

養的門客是四公子裡最多的。

花很多錢在門客身上，還跟平原君炫富。

但無法籠絡人心，最後死於門客李園之手。

春申君

真正的禮賢下士，
會前往別國拜訪當
地賢人。

利用門客建立強
大的情報網。

他在哪裡，秦國就
不敢進攻哪裡。

信陵君

1

空養一堆門客，卻
不能知人善用。

因為嫌棄賢明，
許多門客轉而投
靠信陵君。

平原君

3

外交風雲

精於辭令，不懼強權

7

戰國是一個殘酷血腥的時代，
但也誕生了許多充滿信念和理
想的辯士。他們不畏強國，努
力為國家和百姓爭取利益。

靠雄辯擊退百萬軍隊的和事佬

魯仲連

魯仲連

出生地
齊國

生 年
約西元前 305 年

卒 年
約西元前 245 年

身 份
說客

技 能

唇槍舌劍

義不帝秦

魯仲連是齊國人，經常游走於各個諸侯國，幫忙排憂解難，卻不肯以功勞自居，不愛慕名利也不接受官職，一直保持高風亮節。

魯仲連經過趙國時，長平之戰剛結束，趙國損失了四十多萬大軍，邯鄲也被秦軍圍困，無力反擊。趕過來的救兵畏懼秦國，在一邊隔岸觀火。魏國甚至派人去說服平原君，讓趙國尊秦王為帝。魯仲連知道後，自願幫平原君前往質問魏國。他慷慨陳詞，列舉了秦國各種不仁不義的舉動，說服魏國不再提尊秦王為帝的事。

秦軍一看魯仲連這麼不好對付，把軍隊後撤了五十里。恰好信陵君趕到，指揮各國聯軍擊退秦軍。成功解救趙國後，魯仲連再三辭讓封賞，事了拂衣去。

一封信拿下一座城

齊國名將田單為了收回被燕國攻佔的聊城，派人向燕王進讒，引起他對聊城守將的懷疑。守將害怕回國會被誅殺，閉門死守。魯仲連看到城內百姓長期困守，於心不忍，就寫下一封信，綁在箭上射入城內。守將反覆閱讀後，大哭三日，最後選擇自刎，於是田單成功收回聊城。這就是「不戰而屈人之兵」啊！

對外寸土不讓，對內百般隱忍

藺相如

完璧歸趙

藺相如原來是趙惠文王身邊宦官的門客。有一次秦王想用十五座城池和趙王換和氏璧。為了避免秦國空手套白狼，藺相如自告奮勇，帶著和氏璧來到秦國。發現秦國沒有交換城池的打算後，藺相如機智周旋，以死相爭，終於將和氏璧完整送回。後來，秦王約趙王到澠（ㄇㄧㄢˇ）池盟會，還找各種機會打算羞辱趙王。藺相如隨機應變，斥責得秦王下不了台，維護了趙王和趙國的尊嚴。

後來，藺相如被趙王任命為上卿，官位在將領廉頗之上。廉頗十分氣惱，揚言要羞辱他。藺相如為了保持將相和睦，不讓外敵有機可乘，始終回避忍讓，最終感動了廉頗。

藺相如

出生地
趙國

生 年
不詳

卒 年
不詳

身 份
趙國官員

技 能

怒髮衝冠

大開眼界 **和氏璧引起的腥風血雨**

有個叫卞和的人挖出一塊石頭，付出失去雙腳的代價才終於讓楚王相信石頭中有美玉。這塊玉成為楚國的國寶，被命名為「和氏璧」。後來和氏璧隨著聘禮來到趙國。秦國也覬覦這塊寶物，假意用十五座城池交換，藺相如拼死保護才得以完璧歸趙。等到秦國統一六國，奪得和氏璧後，將其製成傳國玉璽。

不懼強秦的外交家

戰國時期，
趙國得到一塊絕世寶玉
——和氏璧。

秦王得知消息後，
來信說想要用十五座城池換寶玉。

趙惠文王時，得楚和氏璧。秦昭王聞之，
使人遺趙王書，願以十五城請易璧。
——《史記·廉頗藺相如列傳》

如果史記這麼帥 ❸ 謀臣賢相

趙王害怕秦王會使詐，
又怕不換的話會挨打，
十分發愁。

趙王身邊的宦官為君分憂，
推薦了自己的門客藺相如。

趙王與大將軍廉頗諸大臣謀：欲予秦，秦
城恐不可得，徒見欺；欲勿予，即患秦兵
之來。計未定，求人可使報秦者，未得。宦
者令繆賢曰：「臣舍人藺相如可使。」
——《史記·廉頗藺相如列傳》

藺相如也痛快地答應了，
前往秦國周旋。

我去吧！

哇嗚……

秦王拿到和氏璧，
又傳給眾臣和妻妾欣賞，
大家都讚不絕口，愛不釋手。

嘻嘻……

秦王坐章台見相如，相如奉璧奏秦王。秦王
大喜，傳以示美人及左右，左右皆呼萬歲。
——《史記·廉頗藺相如列傳》

藺相如見此情形，
謊稱和氏璧上有瑕疵，
拿了回來。

放大100倍

他擺出要與和氏璧一起撞向柱子的姿勢，
威脅秦王用盛大的典禮來接受趙國的獻寶。
秦王趕緊答應下來。

不！

相如視秦王無意償趙城，及前曰：「璧有
瑕，請指示王。」王授璧，相如因持璧卻
立，倚柱，怒髮上衝冠……秦王度之，終
不可強奪，遂許齋五日，舍相如廣成傳。
　　　　　　　——《史記‧廉頗藺相如列傳》

他猜到秦王會背棄約定，
便命手下將和氏璧藏在身上，
悄悄從小路逃回趙國。

等到典禮舉行時，
藺相如提議秦國先割地，
趙國再將和氏璧送過來。
秦王無計可施，只好放他回國。

哼，居然被擺了一道。

我先回去啦，記得拿地來換哦。

相如度秦王雖齋，決負約不償城，乃使其
從者衣褐，懷其璧，從徑道亡，歸璧于趙。
——《史記·廉頗藺相如列傳》

藺相如成功保住了和氏璧，
被趙王封為上大夫。

秦王一計不成，又生一計，
約趙王到澠池相會。
趙王十分害怕，不想赴約。

秦王使使者告趙王，欲與王為好會於西河
外澠池。趙王畏秦，欲毋行。
　　　　　　　——《史記·廉頗藺相如列傳》

藺相如和大將軍廉頗都認為，
不去會顯得趙國懦弱。
趙王只好赴約。

廉頗護送他們到邊境，
約定如果三十天後還沒歸國，
就立太子為新王。

廉頗、藺相如計曰：「王不行，示趙弱且怯
也。」趙王遂行，相如從。廉頗送至境，與
王訣曰：「王行，度道里會遇之禮畢，還，
不過三十日。三十日不還，則請立太子為
王，以絕秦望。」
——《史記·廉頗藺相如列傳》

會面後，大家一起暢飲。
秦王興致很高，
邀請趙王鼓瑟。

趙王不敢拒絕，只好彈了一下。
秦國史官立馬寫道：
「某年某月某日，
秦王令趙王鼓瑟。」

秦王飲酒酣，曰：「寡人竊聞趙王好音，請
奏瑟。」趙王鼓瑟。秦御史前書「某年月
日，秦王與趙王會飲，令趙王鼓瑟」。
——《史記·廉頗藺相如列傳》

藺相如看到秦王這樣羞辱趙王，
就請秦王擊缶（ㄈㄡˇ）。
秦王臉色一變，
不肯答應。

藺相如立馬威脅秦王，
侍從想要上前拿下他，
卻被藺相如嚇得後退。

別啊，我暈血！

於是相如前進缶，因跪請秦王。秦王不肯
擊缶。相如曰：「五步之內，相如請得以頸
血濺大王矣！」左右欲刃相如，相如張目
叱之，左右皆靡。
　　　　　　　　──《史記·廉頗藺相如列傳》

秦王不得已，只好敲了一下缶。
藺相如馬上讓趙國史官記下：
「秦王為趙王擊缶。」

嗯，這個姿勢不錯。

咔嚓！

秦國眾臣又想讓趙國
用十五座城池來為秦王祝壽。
藺相如則回敬，讓秦國以國都咸陽來為趙王祝壽。

於是秦王不懌，為一擊缶。相如顧召趙御
史書曰「某年月日，秦王為趙王擊缶」。秦
之群臣曰：「請以趙十五城為秦王壽。」藺
相如亦曰：「請以秦之咸陽為趙王壽。」秦
王竟酒，終不能加勝於趙。
——《史記·廉頗藺相如列傳》

秦國一直沒有占上風，
又聽說廉頗在邊境部署了軍隊，
只好悻悻而歸。

趙王得以全身而退，
回國後升藺相如為上卿，
地位比連立戰功的廉頗還高。

趙亦盛設兵以待秦，秦不敢動。既罷歸國，
以相如功大，拜為上卿，位在廉頗之右。
——《史記·廉頗藺相如列傳》

【價值連城】

秦國想用十五座城池交換和氏璧。形容物品價值特別高。

【完璧歸趙】

藺相如把和氏璧完好無損地帶回了趙國。用來指把物品完好歸還給主人。

【怒髮衝冠】

憤怒得頭髮直豎,把帽子都頂起來了。形容非常憤怒。

139

帝國功臣

帶領秦國走向統一

8/

秦始皇橫掃六國、統一天下，
離不開這兩個利己主義者──
呂不韋和李斯。他們都曾風光
一時，最後卻不得善終。

奇

可再用品

不韋

慧眼投資優質股，不料賠上性命

呂不韋

出生地

衛國濮陽
（今河南安陽）

生年

不詳

卒年

西元前 235 年

身份

商人、
秦國丞相

技能

投資眼光

　　呂不韋據說是姜子牙的後代，早年四處經商，積累起很多財富。他在趙國見到秦國質子，幫他打造優質繼承人的「人設」，成功回國並贏得秦王歡心。扶植他成為秦莊襄王後，呂不韋被拜為秦相，封文信侯，得到洛陽十萬戶的封地。

　　呂不韋曾率兵出征，攻下不少地盤，為秦國的兼併事業貢獻力量。秦莊襄王去世後，他迎立太子嬴政，被尊稱為「仲父」。此時秦王政年紀還小，呂不韋手握大權。後來嫪毐（ㄌㄠˋ ㄞˇ）集團叛亂失敗，呂不韋也受到牽連，被罷免職位，趕回封地，但還是有許多門客前去看望他。秦王害怕他東山再起，就將他們一家流放到蜀地。呂不韋萬念俱灰，最終飲鴆自盡。

大開眼界　一字值千金

　　呂不韋認為秦國如此強大，必定擁有許多人才，應該著書立說，流傳天下。他招來多達三千的文人，給他們優厚的待遇，命他們記下所見所聞，編成了《呂氏春秋》。呂不韋十分滿意，將書掛在城門口展示。他還拿出一千賞金為這本書造勢，聲稱如果有人能增加或刪減一個字，就送給他作獎勵。

李斯

助秦統一後，貪得無厭不得善終

李斯

出生地

楚國上蔡
（今河南上蔡）

生 年

不詳

卒 年

西元前 208 年

身 份

秦朝丞相

技 能

精明強幹

毀譽參半

　　李斯一開始在郡裡當個小官，為了飛黃騰達，他辭職並拜荀子為師，學成後來到秦國。他通過呂不韋接近秦王政，提出滅六國、統一天下的計畫。秦王很滿意，拜他為客卿，但不久又下了逐客令。李斯慌忙遞上《諫逐客書》，成功讓秦王回心轉意，保住飯碗。李斯不遺餘力地為秦王謀劃，協助他逐一消滅各個諸侯國，達成統一大業。

　　秦朝建立後，李斯擔任丞相。他主張設立郡縣來取代分封制、沒收諸子百家著作、重新制定法律、統一文字等，為秦朝的穩定殫精竭慮。秦始皇病逝後，他卻貪慕權位，同意趙高修改詔書、改立胡亥的計畫，招來殺身之禍。

改！改！改！

你知道嗎？ 從老鼠身上得到人生啟示

　　李斯當小官時，曾在髒廁所裡看到老鼠。每逢有人或狗走過時，牠們就嚇得立刻逃跑。後來李斯去到糧倉，看到這裡的老鼠待在乾淨的大屋子裡，有吃不完的粟米，不用擔心受到人或狗的驚擾，大受啟發：「一個人有沒有出息，是由他所處的環境決定的。」於是他辭掉工作，外出求學。

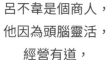

野心勃勃的投機商人

呂不韋是個商人，

他因為頭腦靈活，

經營有道，

成為一個大富翁。

有錢的生活　　無聊且枯燥

但他並不滿足於此。

為了獲得更多財富，

他打起了一國之主的主意。

呂不韋者，陽翟大賈人也。往來販賤賣
貴，家累千金。

——《史記・呂不韋列傳》

如果史記這麼帥 ❸ 謀臣賢相

他到趙國做生意時，
遇到了異人，
立馬發現發達的機會。

異人是秦國太子安國君的兒子，
最不受寵，
所以才被送到趙國做人質。
他備受冷遇，生活窘迫。

子楚，秦諸庶孽孫，質于諸侯，車乘進用
不饒，居處困，不得意。
——《史記·呂不韋列傳》

呂不韋堅信異人很有潛力，
決定將全部身家賭在他身上。

異人一開始看不起商人，
直到發現呂不韋是來輔助自己的，
才愉快地決定和他合作。

發達了分你
一半土地。

哥倆好！

呂不韋賈邯鄲，見而憐之，曰「此奇貨可
居」。乃往見子楚，說曰：「吾能大子之
門。」子楚笑曰：「且自大君之門，而乃大
吾門！」呂不韋曰：「子不知也，吾門待子
門而大。」

——《史記·呂不韋列傳》

呂不韋豪爽地送給異人五百金，
幫他改善生活、結交賓客。

自己又買了許多奇珍異寶，
去秦國打通關係。

呂不韋乃以五百金與子楚，為進用，結賓
客；而復以五百金買奇物玩好，自奉而西
游秦，求見華陽夫人姊，而皆以其物獻華
陽夫人。

——《史記·呂不韋列傳》

呂不韋接近了最受太子寵愛
卻沒有兒子的華陽夫人，
告訴她容顏易老、榮寵將衰的道理。

華陽夫人十分著急，
於是呂不韋教她，選異人當自己的兒子，
並扶持他成為繼承人。

因言子楚賢智，結諸侯賓客遍天下，常日
「楚也以夫人為天，日夜泣思太子及夫
人」。夫人大喜。
——《史記·呂不韋列傳》

華陽夫人心動了，
就給太子吹枕邊風，
成功讓異人成為繼承人。

異人得到國內的資助，
生活條件越來越好，
結交賓客越來越多，
名聲也越來越顯著。

> 安國君及夫人因厚饋遺子楚，而請呂不韋
> 傳之，子楚以此名譽益盛于諸侯。
> ——《史記·呂不韋列傳》

異人也越來越驕傲，
看中呂不韋能歌善舞的小妾，
就想占為己有。

看到異人得寸進尺，
呂不韋十分生氣，
憤而離席。

我走！

呂不韋取邯鄲諸姬絕好善舞者與居，知有
身。子楚從不韋飲，見而說之，因起為壽，
請之。

——《史記·呂不韋列傳》

但他轉念一想，
自己已經耗費了大量家產，
現在前途一片光明，只能繼續討好他。

於是呂不韋忍痛割愛。
小妾很快為異人誕下一子，
他就是後來的秦始皇嬴政。

我是要成為皇帝
的男人。

呂不韋怒，念業已破家為子楚，欲以釣
奇，乃遂獻其姬。姬自匿有身，至大期時，
生子政。子楚遂立姬為夫人。
——《史記·呂不韋列傳》

不久，長平之戰爆發，
秦國圍困趙國邯鄲，
趙國便動了殺掉異人的念頭。

異人慌忙逃跑，
呂不韋一路幫他打通關係，
兩人這才逃回秦國。

秦昭王五十年，使王齮圍邯鄲，急，趙欲
殺子楚。子楚與呂不韋謀，行金六百斤予
守者吏，得脫，亡赴秦軍，遂以得歸。
——《史記·呂不韋列傳》

幾年後，秦王逝世，
太子繼位三天後，
也突發疾病去世了。
異人順利即位。

呂不韋隨後被任命為丞相，
並得到河南洛陽十萬戶的食邑，
享受無盡的榮華富貴。

莊襄王元年，以呂不韋為丞相，封為文信
侯，食河南雒陽十萬戶。
——《史記·呂不韋列傳》

先秦**知名富豪**的自我修養

行善積德

范蠡 （陶朱公）

春秋時期楚國人
商聖、幫越滅吳、歸隱經商

儒商鼻祖

子貢

春秋時期衛國人
瑚璉之器、善於辭令、孔子學生中的首富

> 君子愛財，
> 取之有道。

奇貨可居

呂不韋

戰國時期衛國人
經商高手、棄商從政、
秦國丞相、《呂氏春秋》

白圭 (ㄍㄨㄟ)

戰國時期中原人
商祖、農副產品貿易、擅長捕捉商機

烏氏倮 (ㄌㄨㄛˇ)

壟斷和西方的貿易

戰國時期秦國人
經營畜牧業、換購絲織品

唯一女企業家

寡婦清

戰國時期秦國人
經營家族礦業、有武裝力量、
受到秦始皇禮遇

先秦諸子

群星璀璨的時代

9/

這是一個大混亂時代,也
是一個人才輩出、文化繁
榮的時代。

一朝曉夢迷蝴蝶，大道無為追逍遙

莊子

拒不做官

莊周

出生地

宋國蒙
（今河南商丘）

生 年

約西元前 369 年

卒 年

約西元前 286 年

身 份

道家代表人物

技 能

天人合一

莊子曾經在種植漆樹的園子裡當管理員。他學識淵博，涉獵廣泛，繼承了老子的道家思想，看不上儒家和墨家。他寫了十多萬字的著作，編了很多妙趣橫生的寓言故事。

楚威王聽說莊子有賢能，派使者帶上厚禮拜訪，想聘請他做楚相。但莊子一點也不心動，反而跟使者講起故事：「你們看那祭祀大典上作為祭品的牛，好吃好喝地活了好幾年，最後卻被宰殺，披上豪華的綢緞，擺在桌子上。我寧願做一尾在小水溝裡自由自在的魚兒，也不願被束縛。你們不要再來玷污我！」莊子把使者趕走，終生都沒有出來做官。

大開眼界 用陰陽怪氣的故事噎死人

莊子家裡經常窮得揭不開鍋，就找熟人借糧食。熟人「仗義」地說：「沒問題！我待會去跟農戶收租，收上來就借你！」莊子怒了，一個故事懟回去：「我在路上遇見一條快要乾死的魚。牠跟我要點水，我告訴牠一會就請人挖開河道引水過來。魚特別生氣：『遠水解不了近渴，你還不如到魚乾店找我！』」說完莊子就和熟人絕交了。

屈原

出生地

楚國丹陽秭歸
（今湖北宜昌）

生 年

約西元前 340 年

卒 年

約西元前 278 年

身 份

楚國官員、
詩人

技 能

愛國詩人

　　屈原出身楚國貴族，他學識豐富，在朝廷上能商討國家大事，在外交上能接待各國使節。楚懷王因此非常信任他。同朝為官的大臣嫉妒屈原的才能，不斷詆毀他。黑白不分的楚懷王因此漸漸疏遠了屈原，他萬分憂愁，寫下了名篇《離騷》。

　　後來楚懷王上了張儀的當，丟了盟友齊國，被秦國打敗，又被秦王邀請前往會盟。屈原萬般阻攔無果，只能眼睜睜看著楚懷王受騙，被扣留在秦國。新繼位的楚頃襄王依舊疏遠屈原，將他遠遠放逐。屈原時刻盼望著能重返朝廷，卻等來國土被踐踏、國都被攻破、楚懷王客死他國、楚頃襄王狼狽出逃的消息。他絕望地自沉汨（ㄇㄧˋ）羅江，以身殉國。

 屈原也過端午節？

　　端午節其實很早就存在了，是古人驅趕病邪，祈求安康的節日。傳說屈原在這天投江，當地百姓聽說後，立馬划船尋找，卻沒有找到他的屍體。百姓害怕魚蝦會去啃咬他，製作了許多飯糰投入江中。於是端午節也逐漸演變成紀念愛國詩人屈原的節日，並形成了賽龍舟、吃粽子等風俗習慣。

下筆成章受賞識，禍從口出遭毒害

韓非

韓非

出生地

韓國新鄭
（今河南鄭州）

生 年

約西元前 280 年

卒 年

約西元前 233 年

身 份

法家代表人物

技 能

自相矛盾

懷才不遇

韓非是韓國的貴族子弟。他有口吃，不善言辭，寫文章卻一級棒。韓非不忍心看到韓國漸漸衰弱下去，屢次上書規勸韓王，不要任用靠武力違反國家禁令的遊俠，也不要用擾亂國家法度的儒士。但韓王沒有採納他的意見。韓非只好把自己的想法寫進《孤憤》《五蠹（ㄉㄨ丶）》《說難》等著作裡。

有人把韓非的作品帶到秦國，秦王政看完愛不釋手。曾和韓非同窗的李斯趕緊拍馬屁，把韓非的處境都告訴秦王。於是秦王出兵攻打韓國，逼他們派韓非出使秦國。秦王雖然喜歡韓非，但還沒決定要重用他，李斯又詆毀他會護著自己的國家，影響統一大業，韓非因此被下獄定罪。後來秦王又後悔了，派人去赦免他，可惜他已經被李斯毒死了。

不用我就算了。
還要趕盡殺絕！

原來如此　最會寫寓言故事的法家代表

韓非喜歡用比喻和寓言來表達自己的主張。他曾講過這樣一個故事：有個賣酒的商人，給的分量很足，對客人也服務周到，但酒卻賣得不好。這是因為他家裡養了一隻兇猛的狗，客人一來就撲咬上去，嚇得他們再也不敢來。他用狗來比喻心懷嫉恨的臣子，說明是因為他們蒙蔽了君王，才使得賢才無法得到任用。

總遭排擠，只怪他太優秀

春秋戰國時期湧現出很多思想家，
其中就有法家的集大成者韓非。
和很多來自底層的學者不同，他可是韓國王室的公子。

韓非讀書涉獵廣泛，既愛好刑法之學，
又研究過黃老之道，
還跑去拜儒家大師荀子為師。

韓非者，韓之諸公子也。喜刑名法術之
學，而其歸本于黃老。
　　　　　　——《史記·老子韓非列傳》

讀書破萬卷，下筆如有神。
韓非將自己的所思所想傾注在筆端，
他的文才也因此大放光芒。

韓非回國後，
看到韓國在秦國的侵略下逐漸衰敗，
多次上書勸諫，
希望能變法圖強。

非為人口吃，不能道說，而善著書。
——《史記·老子韓非列傳》

但韓王可能害怕韓非掌權篡位，
所以對他不予理睬。

回訊息啊喂！

熱臉貼上冷屁股，
韓非鬱鬱不得志，
只好埋頭寫作。

說難　孤憤

非見韓之削弱，數以書諫韓王，韓王不能
用……悲廉直不容於邪枉之臣，觀往者得
失之變，故作孤憤、五蠹、內外儲、說林、
說難十餘萬言。
　　　　　　　——《史記·老子韓非列傳》

這些作品不知怎的傳到外國，
結果牆內開花牆外香，
隔壁的秦王拍案叫好，
恨不得親眼見到作者。

這書，太棒了！

韓非的老同學李斯知道後，
立馬獻殷勤，
將韓非的個人資訊揭了個底朝天。

哇！

人或傳其書至秦。秦王見孤憤、五蠹之書，
曰：「嗟乎，寡人得見此人與之遊，死不恨
矣！」李斯曰：「此韓非之所著書也。」
——《史記·老子韓非列傳》

一聽韓國還藏有這樣的人才，
秦王立刻派兵找過去。
韓王逼不得已，
趕緊讓韓非出使秦國。

拜拜！

秦王見到自己日思夜想的偶像，
拉著他相談甚歡。

秦因急攻韓。韓王始不用非，及急，乃遣
非使秦。
　　　　　　　——《史記·老子韓非列傳》

正為祖國未來發愁的韓非，
見秦王竟是自己的粉絲，
趁機勸說他不要再攻打韓國。

秦王不愧是幹大事的，
追星和統一大業可是兩碼事，
於是打個哈哈敷衍了過去。

秦王悅之。未信用。
——《史記·老子韓非列傳》

李斯一直嫉妒比自己優秀的韓非。
看到秦王和他聊得火熱，
心裡非常不爽。

知道韓非意圖破壞滅六國的計畫後，
李斯更是氣得火冒三丈，
立馬詆毀韓非是間諜。

李斯、姚賈害之，毀之曰：「韓非，韓之諸
公子也。今王欲並諸侯，非終為韓不為
秦，此人之情也。今王不用，久留而歸之，
此自遺患也，不如以過法誅之。」
　　　　　　　　　　──《史記‧老子韓非列傳》

為了考察韓非，
秦王決定先冷落他。

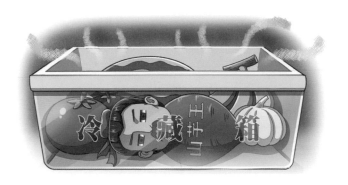

再次坐冷板凳的韓非急了，
他拿朝廷新貴姚賈出氣，
爆出他的黑料，
希望能重新獲得信任。

姚賈剛剛出色完成出使任務，
是秦王身邊的大紅人，
自然十分不服氣，
拼盡全力為自己辯護。

挑撥離間的韓非鬧了個灰頭土臉，
什麼好處也沒有撈到，
甚至被秦王送進獄中思過。

嗚……

秦王以為然，下吏治非。
——《史記‧老子韓非列傳》

李斯可不會放過這個好機會，
送了瓶毒藥進去。

慰問慰問⋯⋯⋯⋯

等到秦王後悔了，
想要赦免韓非的時候，
他已經屈死多時了。

韓非知錯了嗎？

他的墳頭草已經
一米高了！

李斯使人遺非藥，使自殺。韓非欲自陳，不
得見。秦王後悔之，使人赦之，非已死矣。
——《史記·老子韓非列傳》

【喪家之犬】

無家可歸的狗。比喻失去靠山、無處投奔的人。

【韋編三絕】

孔子很愛讀《周易》，把書卷都翻爛了。用來形容人好學不倦，勤奮用功。

【招搖過市】

形容在公共場合大搖大擺，虛張聲勢，以引起別人注意。

【利令智昏】

因為貪圖利益而頭腦糊塗，把什麼都忘了。

【奇貨可居】

把稀有的貨物儲存起來，等到高價時再賣出去。比喻憑藉某種獨特的技能或事物來謀利。

【人人自危】

每個人都心存戒備，覺得有危險。形容恐懼不安。

先秦諸子百家中都有哪些**大神**？

春秋戰國時期，各種思想文化激烈碰撞，誕生了許多學術流派，形成百家爭鳴的繁榮局面。他們的思想瑰寶流傳千百年，至今仍對我們產生深遠影響。

孔子

主張：仁者愛人，
　　　克己復禮
著作：《論語》

儒家

荀子

主張：性惡論
著作：《荀子》

孟子

主張：民為貴，社稷
　　　次之，君為輕
著作：《孟子》

老子 ▶

主張：無為而治，
物極必反
著作：《道德經》

道家 道

莊子 ▶

主張：內聖外王，
萬物齊一
著作：《莊子》

兵家 兵

墨家 墨

孫武 ▶

主張：知己知彼，百
戰不殆
著作：《孫子兵法》

法家 法

墨子 ▶

主張：兼愛，非攻
著作：《墨子》

韓非 ▶

主張：法、術、勢相
結合
著作：《韓非子》

縱橫家 縱橫

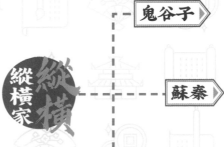

鬼谷子 ▶

蘇秦 ▶

張儀 ▶

國家圖書館出版品預行編目 (CIP) 資料

如果史記這麼帥 . 3, 謀臣賢相 (超燃漫畫學
歷史 + 成語)/ 戴建業主編 ; 漫友文化繪 . --
初版 . -- 新北市 : 野人文化股份有限公司出版
: 遠足文化事業股份有限公司發行 , 2022.11
　面 ;　　公分
ISBN 978-986-384-786-1(平裝)

1.CST: 史記 2.CST: 漫畫

610.11　　　　　　　　　　　111014622

中文繁體版通過成都天鳶文化傳播有限公司代理，由
廣州漫友文化科技發展有限公司授予野人文化股份有
限公司獨家出版發行，非經書面同意，不得以任何形
式，任意重制轉載。

Graphic Times　37

❸ 謀臣賢相

編　　　者　　戴建業
繪　　　者　　漫友文化

野人文化股份有限公司
社　　　長　　張瑩瑩
總 編 輯　　蔡麗真
副 主 編　　徐子涵
責任編輯　　陳瑞瑤
專業校對　　魏秋綢
行銷經理　　林麗紅
行銷企劃　　蔡逸萱、李映柔
封面設計　　周家瑤
繁中版美術設計　　洪素貞、許庭瑄

出　　　版　　野人文化股份有限公司
發　　　行　　遠足文化事業股份有限公司 (讀書共和國出版集團)
　　　　　　　地址：231 新北市新店區民權路 108-2 號 9 樓
　　　　　　　電話：（02）2218-1417　傳真：（02）8667-1065
　　　　　　　電子信箱：service@bookrep.com.tw
　　　　　　　網址：www.bookrep.com.tw
　　　　　　　郵撥帳號：19504465 遠足文化事業股份有限公司
　　　　　　　客服專線：0800-221-029
法律顧問　　華洋法律事務所　蘇文生律師
印　　　製　　凱林彩印股份有限公司
初版首刷　　2022 年 11 月
初版 4 刷　　2023 年 6 月

如果史記這麼帥 (3)
線上讀者回函專用 QR CODE，
您的寶貴意見，將是我們進步
的最大動力。

野人文化官方網頁